STRALSVNDIA.
MARIS BALTHICI PARS
Die Ost
Insulæ Rugiæ pars
See.
Francken Teich.
Stralsund.
Knipes Teich.
Hospitaler Teich
Küter Teich
1. S. Nicolai kirche.
2. S. Maria kirch.
3. S. Iacobi kirch.
4. S. Catharina k.
5. Heil. Geist kirch.
6. S. Iohannis Closter.
7. das Rathauße.
8. Weysen hauß.
9. Gasthause.
10. Tribbesesche thor.
11. Köpken thurn.
12. Küther thor.
13. Hospital thor.
14. Knipes thor.
15. Vohr thor.
16. Semlouw thor.
17. Baden thor.
18. H. Geist thor.
19. Langen thor.
20. Francken thor.
21. Blawer thurn.
22. Thor hauß.
23. Block hauß.
24. Neuwe hauß.
25. Francken port.
10 20 30 40 50 60 70 80 90 100
Jo. Staid delineavit

Hanne Bahra • Johann Scheibner

WUNDERSCHÖNES
STRALSUND

»Ein schöner Anblick ist Stralsund von Rügen aus mit seinen hohen und gotischen Türmen, dem wunderbar gebauten Rathaus und den vielen spitzen Giebeln mit durchbrochenem Mauerwerk«

Wilhelm von Humboldt (1767–1835)

BRUCKMANN

Blick vom Turm der St.Marien-Kirche auf den Knieper-Teich

View from the top of the Church of St. Mary

Vue de l'église de Sainte Marie sur Knieper-Teich

▶ Die Altstadt der Hansestadt Stralsund, fast rundum von Wasser umgeben, wird auch gern das «Venedig des Nordens » genannt.

The historical center of the Hanseatic city of Stralsund, almost completely surrounded by water, is known as the "Venice of the North."

La vieille ville hanséatique de Stralsund, que l'eau entoure presque entièrement, est aussi appelée la « Venise du nord ».

◀◀ Die St.Marienkirche auf dem Neuen Markt ist eine monumentale Himmelsburg. Sie entstand um 1298 als Pfarrkirche und erhielt im 15. Jahrhundert ihre endgültige Gestalt. Großartig ist der Ausblick vom 104 Meter hohen Turm.

The Church of St. Mary on Neuer Markt is a mighty heavenly fortress, built in 1298 as a parish church and reaching its present form in the 15th century. The 104. meter spire offers superb views.

Située sur la place du Nouveau Marché, l'église de Sainte Marie est un édifice religieux monumental. Elle fut érigée en 1298 comme église paroissiale et obtînt sa forme définitive au 15e siècle. La tour d'une hauteur de 104 mètres offre une vue exceptionnelle

Inhalt

◂ **Eine hochmoderne Brücke** führt seit 2007 mit elegantem Schwung von Stralsund auf Deutschlands größte Insel – nach Rügen.

The elegant arcs of a stunning modern bridge have linked Stralsund to Rügen, Germany's largest island, since 2007.

Un pont ultramoderne aux traits dynamiques et élégants mène depuis 2007 de Stralsund à la plus grande île d'Allemagne – Rügen.

HERTHA JEEP
SAR

Stadt der Hanse – »Venedig des Nordens«

Hanseatic City – »Venice of the North « / Ville hanséatique « la Venise du nord »

Die einst neben Lübeck mächtigste Hansestadt des wendischen Quartiers zeigt noch immer ein wunderbares mittelalterliches Panorama. Durch drei Landstege, den Frankendamm, den Tribseer und den Knieper Damm, mit dem Festland verbunden, ist die Altstadt fast eine Insel. Von starken Mauern umgeben, einer Wasserburg gleich, trotzte sie einst sogar Wallensteins Truppen.
Das schon 1234 mit dem Lübischen Stadtrecht versehene Stralsund hatte in seiner topografisch günstigen Lage viel zu verteidigen, denn hier trafen sich uralte Handelsstraßen aus dem Westen, Osten und Süden. Die im Norden der Stadt vorgelagerten Inseln Rügen und Dänholm schufen gute Voraussetzungen für einen Hafen. Die ersten 300 Jahre nach der Stadtgründung waren die glanzvollsten Stralsunds. Nur knapp 100 Jahre brauchte die Stadt, um ihre Grenze festzulegen.
Als im Dreißigjährigen Krieg Wallenstein die Seehandelsmetropole bedrohte, halfen nicht

◀ **Im Hafen** von Stralsund trifft sich alles, was Masten hat.

Stralsund harbor is a gathering point for all masted vessels.

Tout ce qui a un mât se trouve au port de Stralsund.

Once the mightiest city after Lübeck in the "Wendish section" of the Hanseatic League, Stralsund still presents a magnificent medieval panorama. The old quarter is practically an island, linked to the mainland by three causeways - Frankendamm, Tribseer Damm and Knieper Damm. Encircled by thick walls like a moated castle, it once defied even General Wallenstein and his troops. Stralsund, which was granted town rights under the Lübeck Law in 1234, had much worth defending; it occupied a favorable geographical location at the junction of ancient trade routes from the west, east and south, and the islands of Rügen and Dänholm off its northern perimeter created excellent conditions for a harbor. Stralsund established its boundaries in fewer than 100 years, and flourished most gloriously in the first 300 years after its foundation.
During the Thirty Years' War General Wallenstein threatened the sea-trading port; the city was saved both by its high fortifications and by the Swedes, who promptly declared Stralsund the seat of Stockholm's power in the state of Pomerania. Although now cut off from the hinterland, the city benefited enormously from this relationship; numerous Swedish architects including Nils Eosander and

Celle qui fut jadis la plus puissante ville hanséatique aux côtés de Lübeck dans la zone wende, nous présente aujourd'hui encore un merveilleux panorama médiéval. Reliée au continent par trois digues, celle des Francs, du Tribseer et de Knieper, la vieille ville est comme une île. Entourée d'épaisses murailles, comme un château entouré d'eau, elle défia autrefois les troupes de Wallenstein. Stralsund, qui obtint les droits de ville en 1234 avait au travers de son emplacement typographique avantageux beaucoup à défendre : c'est en effet ici que se croisaient les très anciennes routes commerciales venant de l'ouest, de l'est et du sud. Les îles de Rügen et de Dänholm situées au large des côtes septentrionales de la ville formaient la configuration idéale requise pour un port. Les 300 premières années qui suivirent la fondation de la ville furent les plus brillantes de Stralsund. La ville ne mit que 100 ans pour définir ses frontières.
Lorsque Wallenstein dans la Guerre de Trente ans menaça la métropole marchande maritime, les hauts remparts certes mais aussi les Suédois firent blocage : ils firent alors de Stralsund le centre administratif poméranien de Stockholm. Un retrait de la ville vis-à-vis de l'arrière-pays ne fut certes la conséquence, mais le développement de la ville en profita pleinement.

nur die hohen Stadtmauern, sondern auch die Schweden, die daraufhin Stralsund zu Stockholms pommerschem Machtzentrum erklärten. Das erwies sich für die Entwicklung der Stadt als durchaus fruchtbar. So bauten eine Reihe von schwedischen Architekten in Stralsund, darunter Nils Eosander und Cornelius Loos. Umgekehrt stammt das Stockholmer Schloss Drottningholm von dem Stralsunder Baumeister Nicodemus Tessin d. J., und Carl Wilhelm Scheele, Sohn eines Stralsunder Brauers und Kornhändlers, entdeckte in Schweden den Sauerstoff. 1742 kam er im tiefroten Giebelhaus in der Fährstraße 23 zur Welt. Zwei Häuser weiter starb 1809 der Freiheitskämpfer Ferdinand Schill im Kampf gegen die Franzosen. 1815 fiel ganz Pommern und damit auch Stralsund an die Preußen.
1944 schlug der Zweite Weltkrieg der Hafenstadt tiefe Wunden, von denen sie sich lange nicht erholte. Obwohl bereits seit 1962 zum Flächendenkmal erklärt, wurde die Altstadt in den DDR-Jahren stark vernachlässigt. Glücklicherweise kam die politische Wende gravierenden Abrissplänen zuvor. 1990 wurde Stralsund als »Modellsstadt« in das Städtebauförderprogramm aufgenommen und stieg wie Phönix aus der Asche. Im Jahr 2002 hat die UNESCO hat die Altstädte von Stralsund und Wismar gemeinsam als

Cornelius Loos designed buildings in the town, and Drootningholm Castle at Stockholm was designed in turn by the Stralsund architect Nicodemus Tessin the Younger. The chemist Carl Wilhelm Scheele, born in 1742 in a deep crimson brick house at 23, Fährstrasse as the son of a Stralsund brewer and grain dealer, discovered oxygen while working in Sweden. Two houses further down, the resistance fighter Ferdinand Schill died in 1809 while fighting the French. In 1815 all of Pomerania including Stralsund fell to the Prussians.
In 1944 the Second World War tore deep wounds in the port, from which its recovery was slow. Although already declared a heritage area in 1962, the old quarter suffered severe neglect during the German Democratic Republic. Fortunately, German reunification took place before large-scale demolition plans could be carried out. In 1990 Stralsund was accepted as a 'model city' for an urban development program, and arose like a phoenix from the ashes. In 2002, UNESCO designated the old quarters of Stralsund and Wismar as a combined World Heritage Site representing the cultural heritage of the Hanseatic League, stating, "The historical town centres of Stralsund and Wismar are ideal representations of well-developed Hanseatic

Ainsi toute une série d'architectes suédois construisirent à Stralsund, comme Nils Eosander et Cornelius Loos, le château de Stockholm Drootningholm est par contre de Nicodemus Tessin le Jemne originaire de Stralsund, et Carl Wilhelm Scheele, fils d'un brasseur et marchand de céréales de Stalsund, découvrait l'oxygène en Suède. Il vint au monde en 1742 dans la maison à pignon de brique rouge vive, au 23 de la Fährstraße. Le défenseur des libertés dans la lutte contre les Français, Ferdinand Schill, mourut deux maisons plus loin en 1809. En 1815, la Poméranie et dès lors aussi Stralsund tombèrent aux mains des Prussiens. Avec la fin de l'« époque suédoise », Stralsund a pris peu à peu les caractéristiques d'une ville de province. En 1944, la Seconde Guerre mondiale laissa de profondes blessures dont la ville portuaire ne se remit pas pendant de longues années. Bien qu'elle fut déclarée monument de surface dès 1962, les bâtiments historiques toujours aussi imposants de la vieille ville furent fortement négligés durant les années de la R.D.A. Heureusement, le tournant politique devança les vastes plans de démolition. En 1990, Stralsund a été intégrée au programme d'encouragement de l'urbanisme en tant que « ville modèle » et a pu connaître ainsi une renaissance. En 2002,

repräsentatives Beispiel für das kulturelle Erbe der Hanse in die Welterbeliste aufgenommen. Denn »die Altstädte von Stralsund und Wismar repräsentieren idealtypisch die entwickelte Hansestadt während der Blütezeit des Städtebundes im 14. Jahrhundert. Die historischen Stadtkerne haben ihren mittelalterlichen Grundriss nahezu unverändert bewahrt und legen Zeugnis für die Anlage von Seehandelsstädten nach Lübischem Recht ab. Die überlieferte Bausubstanz mit zahlreichen herausragenden Einzeldenkmälern dokumentiert anschaulich die politische Bedeutung und den außerordentlichen Reichtum der Ostseestädte im Mittelalter.« Mit der 4079 Meter langen Rügenbrücke, einer eleganten Schrägseilbrücke, und dem im Sommer 2008 eingeweihten Ozeaneum am Stadthafen, Deutschlands größtem Meeresmuseum aus Beton und Schiffsstahl, ist Stralsund eine bemerkenswerte Symbiose aus Tradition und Moderne gelungen.

towns during the heyday of the League in the 14th century. The historical town centres have maintained their medieval layout almost fully intact. The preserved architecture, including many outstanding individual buildings, clearly documents the political significance and exceptional prosperity of Baltic cities in medieval times.«

Gasthäuser wie die Altstadt-Pension bieten den zahlreichen Touristen Unterkunft.

Guesthouses like the Altstadt-Pension provide accommodation for the crowds of tourists.

Les auberges telles que la « Pension de la Vieille Ville » proposent le logis aux nombreux touristes.

And yet with the Rügenbrücke, an elegant cable-stayed bridge 4079 meters in length, and the Ozeaneum, Germany's largest oceanographic museum, built at the harbor of concrete and ship's steel and opened in 2008, Stralsund has achieved a remarkable synthesis of tradition and modernity.

l'UNESCO inscrit conjointement les vieilles villes de Stralsund et de Wismar au patrimoine mondial de l'UNESCO comme des exemples représentatifs de l'héritage culturel hanséatique. Car « les vieilles villes de Stralsund et de Wismar représentent la ville hanséatique typique et idéale telle qu'elle s'est développée au cours de l'apogée de la ligue de villes marchandes au 14e siècle. Les cœurs historiques des villes ont gardé presque toujours leur plan médiéval et ils témoignent de l'agencement des villes marchandes maritimes selon le droit lubecquois. L'ancienne structure architecturale et les imposants monuments qui s'en détachent témoignent clairement de l'importance politique et de l'extraordinaire richesse des villes de la Baltique au Moyen-Âge. Stralsund a réussi une symbiose remarquable en alliant modernité et tradition avec le pont haubané et élégant de Rügen, long de 4079 mètres, et l'Ozeaneum, le plus grand musée maritime d'Allemagne en béton et en acier inauguré au port de la ville en 2008.

Rathaus auf dem Alten Markt

City Hall at Alter Markt / L'Hôtel de ville sur la place du Vieux Marché

◀ ▶ **Das Rathaus** auf dem Alten Markt, der Keimzelle der Stadt, ist das Wahrzeichen Stralsunds. Seine prächtige, filigran durchbrochene Schauwand zelebriert hanseatisches Selbstbewusstsein. Der bedeutendste Profanbau der Stadt gilt als hervorragendes Beispiel norddeutscher Backsteingotik. Um 1680 erhielt der Innenhof eine hölzerne Galerie, die erst in jüngerer Zeit durch ein Glasdach zur Passage umgewandelt wurde.

The City Hall on Old Market Square, at the heart of the city, is Stralsund's best-known landmark. Its magnificent gabled facade with filigree pierced masonry is a celebration of Hanseatic self-assurance. The city's most famous secular building, it is acknowledged as a masterpiece of North German brick Gothic. The wooden gallery built onto the courtyard in 1680 was recently converted into an arcade with the addition of a glass roof.

L'Hôtel de ville située sur la place du Vieux Marché, au cœur de la ville, est l'emblème de Stralsund. Sa splendide façade à l'architecture filigrane célèbre la fierté de la ville hanséatique. La plus imposante construction profane de la ville est considérée comme l'exemple le plus parfait de la gothique en briques de l'Allemagne du nord. Autour de 1680, la cour intérieure fut agrémentée d'une galerie de bois qui peu de temps après fut transformée en passage surplombé d'un toit de verre.

Am Alten Markt

At Alter Markt / La place du Vieux Marché

Das Commandantenhaus am Alten Markt, ein dreigeschossiges Traufenhaus von 1746, war einst Sitz der schwedischen Kommandantur.

The Commandantenhaus at Alter Markt, a three-storey building dating from 1746, was the headquarters of the Swedish command.

La Maison du Commandant sur la place du Vieux Marché, maison à trois étages au faîtage parallèle à la rue (« Traufenhaus »), fut érigée en 1746.

Das Kniepertor, eines der letzten beiden noch erhaltenen Stadttore Stralsunds, stammt vom Anfang des 15. Jahrhunderts.

Kniepertor, one of Stralsund's two remaining city gates, was built in the early 15th century.

La porte de Knieper, une des deux dernières portes de la ville encore sur pieds, remonte au début du 15e siècle.

Das Theater am Olof-Palme -Platz vor dem Kniepertor wurde wegen des losen Grundes 1913/14 auf 800 Pfählen errichtet.

The theater at Olof-Palme-Platz was built in 1913/14 and shored up on an 800 pile foundation.

Le théâtre, situé sur la Place Olof Palme devant la porte de Knieper, fut construit en 1913–1914 sur 800 pilotis en raison d'un sol meuble.

HEUTE SPIELEN WIR.....
PHILHARMONISCHES KONZERT

Fährstraße

In the Fährstrasse / Dans la Fährstrasse

◀ **Der Drei-Mädchen-Brunnen** von Günter Kaden steht seit 2003 anstelle eines historischen, vom Knieperteich gespeisten Brunnens, an dem einst die Stralsunder Mägde ihr Wasser holten.

Günter Kaden's 'Three Maids Fountain' was installed in 2003 to replace a historical fountain fed by Knieperteich lake, where Stralsund maidservants once fetched their water.

Depuis 2003, la Fontaine aux trois filles de Günter Kaden est située à l'emplacement d'une ancienne fontaine que l'étang du Knieper alimentait et où les servantes de Stralsund allaient chercher leur eau autrefois.

▶ **Im Scheelehaus,** einem Giebelgebäude aus dem 14. Jahrhundert, kam 1742 Carl Wilhelm Scheele, der Entdecker des Sauerstoffs, zur Welt.

The 14th-century gabled Scheelehaus was the birthplace of Carl Wilhelm Scheele, discoverer of oxygen, in 1742.

Carl Wilhelm Scheele, à l'origine de la découverte de l'oxygène, vit le jour en 1742 dans la « Scheelehaus » une maison sur pignon du 14e siècle.

St. Nikolai-Kirche

St. Nicholas' Church / L'église de Saint-Nicolas

◀ ▶ DIE PFARR- UND HAUPTKIRCHE ST. NIKOLAI, 1270 erstmals erwähnt, verkörpert Reichtum und hochstrebendes Selbstbewusstsein der Hansestadt. Hier wurde nicht nur gebetet – hier tagte auch der Rat und die Gilden und Zünfte empfingen wichtige Gäste. Der gotische Innenraum demonstriert mit seiner kostbaren Ausstattung sowohl Glaubens- als auch Wirtschaftskraft.

The parish and main church of St. Nicholas, first recorded in 1270, embodies the Hanseatic city's prosperity and lofty self-assurance. It was not only a place of prayer, but also a meeting-place for the city council and a reception hall for important guests of the guilds. The opulent Gothic interior demonstrates the power of both faith and commerce.

L'église paroissiale Saint-Nicolas, la plus importante de la ville, qui fut mentionnée pour la première fois dans les registres en 1270, incarne la richesse et l'assurance croissante de la ville hanséatique. Ici, on ne fit pas seulement que prier – c'est ici que le conseil municipal siégeait également et que les guildes et les corporations recevaient d'importants invités. Le décor précieux de l'intérieur gothique démontre non seulement la puissance de la foi religieuse mais aussi de l'économie.

St. Nikolai-Kirche

St. Nicholas' Church / L'église de Saint-Nicolas

▶ Von den einst 56 Altären der Vorreformation sind noch sechs erhalten. Die St.Nikolai-Kirche besitzt eine der kostbarsten Innenausstattungen der Gotteshäuser im norddeutschen Raum.

Of the original 56 pre. Reformation German altars, only six remain in existence. St. Nicholas' Church has one of the most lavish interiors in North Germany.

Aujourd'hui, il ne reste que six des 56 autels existant à l'époque de l'avant-réformation. L'aménagement intérieur de l'église St Nicolas est l'un des plus précieux du Nord de l'Allemagne.

▶ Das gotische Kruzifix über dem Hochaltar wurde um 1360 angefertigt. In der dreischiffigen, querschifflosen Basilika ist der Geist geerdet und die himmelstrebende Gotik mit querlaufenden Bändern an den Boden gebannt.

The Gothic crucifix above the high altar dates from around 1360. In the three-aisled basilica without transept, the spirit retains its connection to the earth, and horizontal bands break the flight of the soaring Gothic architecture.

Le crucifix gothique au-dessus du maître-autel fut réalisé autour de 1360. Dans la basilique sans transept à trois nefs, le Saint-Esprit descend sur terre et l'art gothique tourné vers le ciel est contrarié par les rubans transversaux sur le sol.

Hansa-Gymnasium und Ferdinand Schill

Hansa-Gymnasium School and Ferdinand Schill
Le lycée Hansa et Ferdinand Schill

◀ **Das Hansa-Gymnasium** am Fährwall, ein großer vierflügeliger Backsteinbau, wurde 1911/13 nach Entwürfen von Budewitz als Mädchen-Lyzeum erbaut.

Hansa-Gymnasium School at Fährwall, a spacious four-winged brick building, was constructed as a girls' school from 1911–13 to designs by Budewitz.

Le lycée Hansa sur la butte de Fährwall, grand bâtiment de brique à quatre pans, fut construit sur les ébauches de Budewitz en 1911/13 pour devenir un lycée pour filles.

◀ ▶ **An Ferdinand Schill**, den Helden, Rebellen und Märtyrer im Kampf gegen Napoleon, erinnert eine Tafel in der Fährstraße. 1909, zum 100. Todestag, wurde ihm in der Sarnowstraße ein Denkmal gesetzt.

Ferdinand Schill, hero, rebel and ultimately martyr in the battle against Napoleon, is commemorated by a plaque in Fährstrasse. A monument to him was erected in Sarnowstrasse in 1909, the 100th anniversary of his death.

Dans la Fährstraße, une stèle rappelle le souvenir de Ferdinand Schill, le héros, le rebelle et le martyr du combat contre Napoléon. Un monument fut érigé pour lui dans la Sarnowstraße en 1909, au 100e anniversaire de sa mort

SCHILL

Knieper-Vorstadt

In the Knieper-Vorstadt / Dans le faubourg Knieper

Das 19. Jahrhundert sprengte die mittelalterlichen Stadtgrenzen. Die Knieper-Vorstadt ist ein Stadtteil jener Zeit nordöstlich der Innenstadt, mit Ackerbürgerhäusern und Villen der 1920/30er Jahre.

In the 19th century, the city overflowed its medieval boundaries. Knieper-Vorstadt, to the north-east of the center, dates from that period, with urban farmhouses and villas from the 1920s and 1930s.

Le 19e siècle fit sauter les frontières de la ville médiévale. À cette époque, le faubourg Knieper est un quartier au nord-est du centre-ville avec des maisons bourgeoises de campagne et des villas des années 20 et 30.

Kaffeepause. Cafés, Boutiquen und Galerien beleben die restaurierten Häuser der *UNESCO*-Welterbe-Stadt.

Coffee break. Cafés, boutiques and galleries enliven the restored buildings of the UNESCO heritage city.

Pause-café. Des cafés, des boutiques et des galeries animent les maisons restaurées de la ville classée au patrimoine culturel mondial de l'UNESCO.

Wallensteintage

Wallenstein Festival / Les journées de Wallenstein

◀ ▶ **Mit Kanonendonner,** Musketenschüssen und buntem Markttreiben feiert Stralsund jedes Jahr im Juli den historischen Sieg über Wallenstein. Bier und Met fließen in Strömen, offene Feuer, Speckkuchenduft. Gaukler, Musketiere, Jongleuere, Pikeniere und Marketenderinnen tragen Bänder, Spitzen, kugelige Beinkleider, Halskrausen oder einfaches Linnen und malen das Bild des heldenhaften Stralsund zur Zeit der Renaissance.

Each July booming cannons, musket shots and bustling markets herald Stralsund's Wallenstein Festival, commemorating the general's victory with rivers of beer and mead, camp fires and the scent of cooking. Travelling entertainers, jugglers, musketeers, pikemen and market-women wearing ribbons, laces, pantaloons, ruffs or simple linen paint a picture of heroic Stralsund at the time of the Renaissance.

C'est sous les retentissants tirs de canon et de mousquets et lors d'un marché animé que Stralsund fête chaque année en juillet la victoire historique remportée sur Wallenstein. Au programme : bière et hydromel coulent à flots, feux en plein air, quiches parfumées. Des saltimbanques, des mousquetaires, des jongleurs, des fantassins et des vivandières, des rubans, de la dentelle, des pantalons bouffants, des collerettes ou des habits de lin simples complètent l'image héroïque qu'avait Stralsund à l'époque de la Renaissance.

DER CLUB
BERTELSMANN

Johanniskloster

Johanniskloster Monastery / Le monastère de Saint-Jean

◁ ▷ IN DAS 1254 VON FRANZISKANERN gegründete Kloster zogen nach der Reformation Arme, Waisen und Kranke ein. Die Klosterkirche brannte 1624 aus. Was man danach wieder aufgebaut hatte, zerstörten 1944 Bomben. Danach wurden die Außenwände der Kirche wieder errichtet, der dachlose »Kirchenraum« birgt eine Pietá nach einem Modell von Ernst Barlach.

The monastery, founded by Franciscans in 1254, was the home of the poor, orphaned and sick after the Reformation. The monastery church burnt down in 1624, and its successor fell to the bombs of 1944. The walls were later rebuilt, and the roofless 'nave' now houses a crucifixion scene after a model by Ernst Barlach.

Après la réformation, le monastère, fondé en 1254 par les Franciscains, abrita des pauvres, des orphelins et des malades. L'église du monastère brûla en 1624. Ce qui fut reconstruit après, les bombes le détruisirent en 1944. Les murs extérieurs de l'église furent à nouveau érigés ensuite, « la partie de l'église » sans toit recèle une Pietà réalisée d'après le modèle d'Ernst Barlach.

Hundertwasser in der St. Jakobi-Kirche

Hundertwasser at St. Jakobi Church / Hundertwasser à l'église de St Jacques

◀ ▶ **Die gotische Jacobikirche** markiert die Grenze zwischen Alt- und Neustadt. Namensgeber für die heutige Kulturkirche ist der Heilige Jakobus, der Schutzpatron der Pilger. Im Krieg stark zerstört, wird St. Jakobi heute restauriert. Dennoch finden bereits Veranstaltungen statt. Seit 2009 werden grafische Werke des österreichischen Künstlers Friedensreich Hundertwasser gezeigt.

The Gothic St. James' Church marks the boundary between the old and new city. Today a cultural center, it was named after St James, patron saint of pilgrims. The church was heavily damaged in the war and is undergoing restoration; it has already hosted events. It has housed an exhibition of graphic works by Austrian artist Friedensreich Hundertwasser since 2009.

L'Église gothique de St Jacques marque la frontière entre la nouvelle et la vieille ville. Le prête-nom actuel de l'église culturelle est Saint-Jacques, le patron des pèlerins. Fortement détruit pendant la guerre, St Jacques est en restauration aujourd'hui. Des manifestations y ont néanmoins déjà lieu. Depuis 2009, des œuvres graphiques de l'artiste autrichien Friedensreich Hundertwasser y sont exposées.

GOLDSCHMIEDE SCHULZ

Mühlenstraße und Wulflamhaus

In the Mühlenstrasse and Wulflamhaus / La rue Mühlenstraße et la maison de Wulflam

◀ **Die Mühlenstrasse nordwestlich des Alten Marktes** ist ein Bilderbuch Stralsunder Architekturgeschichte. Mittelalterliche Backsteinbauten und verputzte Traufenhäuser, wie die im Kern barocke Musikschule, stehen am Rand der Straße.

Mühlenstrasse, north-west of Alter Markt, is a picture-book example of Stralsund's architectural history. Medieval brick buildings and plaster-fronted houses like the originally Baroque music school line the streets.

Avec ses constructions en brique et ses maisons mèdiévales crépies à faîtage la rue Mühlenstraße au nord-ouest de la place du Vieux marché ressemble à un recueil d'images de l'histoire architecturale de Stralsund.

▶ **Bertram Wulflam** war mächtiger Bürgermeister der Hansezeit. Sein Haus am Alten Markt, vermutlich 1380 errichtet, sollte das architektonische Abbild des gegenüberliegenden Rathauses sein.

Bertram Wulflam was a powerful mayor in the Hanseatic era. His house on Alter Markt, probably dating from 1380, was designed to reflect the architecture of the city hall opposite.

Bertram Wulflam était un maire puissant au temps de la Hanse. Sa maison sur la place du Vieux marché, probablement construite en 1380, devrait être le reflet architectural de l'hôtel de ville situé en face.

An der alten Stadtmauer

The City Walls / Aux vieux remparts

◀ **Der Kampische Hof** in der Mühlenstraße, ein Dreiflügelbau aus dem 15. Jahrhundert, gehörte einst zum Zisterzienserkloster Neukamp.

Kampischer Hof in Mühlenstrasse is a three-winged 15-century building once part of Neukamp Cistercian monastery.

La Kampische Hof dans la Mühlenstraße est un bâtiment à trois pans du 15e siècle, qui faisait partie autrefois du monastère cistercien de Neukamp.

▶ **Das Kütertor** wurde als Teil der Stadtbefestigung im Jahre 1446 erbaut. Der Name ist abgeleitet von Küter (Fleischer). Auf der Innenseite der Stadtmauer lädt das Torschließerhaus zu einer Rast ein.

Kütertor Gate was built in 1446 as part of the city fortifications. The name is derived from 'Küter' (butcher). The old gatekeeper's house inside the walls is an inviting spot for a rest.

La porte de Küter fut construite en 1446 dans le cadre de la fortification de la ville. Le nom est dérivé de Küter (boucher). La maison du serrurier de la porte située sur le côté intérieur des remparts vous invite au repos.

Ossenreyerstraße und Badstüberstraße

In the Ossenreyerstrasse and Badstüberstrasse / Les rues Ossenreyerstraße et Badstüberstraße

◀ DIE OSSENREYERSTRASSE, die Verbindung zwischen Alt- und Neustadt, die bereits vor 1300 zur städtebaulichen Einheit zusammenwuchs, ist heute eine quirlige Einkaufsmeile mit vielen historischen Fassaden.

Ossenreyerstraße, linking the old and new city that had already merged into a single urban unit before 1300, is today a busy shopping street with a string of historical facades

La rue Ossenreyerstraße qui relie la vieille à la nouvelle ville, rejoignit bien avant 1300 l'entité urbanistique. Elle est aujourd'hui une rue commerçante animée aux nombreuses façades historiques.

▶ SCHÖNE ALTE HÄUSER findet man auch in der Badstüberstraße. Keramiktafeln lassen hier auch Blinde die Gestalt der wichtigsten Stralsunder Baudenkmale erfassen.

Badstüberstrasse is also lined with beautiful old houses. Relief plaques allow the blind to explore the outlines of Stralsund's major landmarks.

On trouve aussi de belles anciennes bâtisses dans la rue Badstüberstraße. Ici, des panneaux en braille permettent également aux aveugles de saisir la forme des plus remarquables monuments de Stralsund.

Alter und Neuer Markt

The Historical Center and the New Market / Le Vieux Marché et le Nouveau Marché

◀ **Das Gebiet um den Alten Markt** ist der älteste Kern der Stadt, die 1234 lübisches Stadtrecht erhielt. Uralte Handelsstraßen von Osten, Süden und Westen trafen sich hier.

The district around Alter Markt is the city's ancient heart, awarded town rights under Lübeck Law in 1234. Ancient trading routes from the east, south and west met here.

La zone située autour de la place du Vieux Marché constitue le cœur le plus ancien de la ville. Les très anciennes routes marchandes de l'est, du sud et de l'ouest se croisaient ici.

▶ **Die Neustadt** ist eine Stadtkernerweiterung schon aus der Mitte des 13. Jahrhunderts. Im Zentrum der planmäßig angelegten »novae civitatis«, der neuen Stadt, liegt der quadratische Neue Markt mit der Marienkirche.

Neustadt was the 'new city,' extending the city center as early as the mid-13th century. The heart of this precisely planned 'nova civis' is the square Neuer Markt (New Market) with St Mary's Church.

La nouvelle ville constitue une extension du centre-ville déjà à partir du milieu du 13e siècle. Au centre de la nouvelle ville, le « novae civitatis » que l'on érigea de façon planifiée, se trouve la place carrée du Nouveau Marché avec l'église Sainte-Marie.

Das Herz der Neustadt

The Heart of the New City

Le cœur de la nouvelle ville

◀ ▶ St. Marien entstand um 1298 als Pfarrkirche. 1382 stürzte der Turm auf Langhaus und Chor, so dass die Kirche in ihrer heutigen Gestalt vom 15. Jahrhundert geprägt ist. Mit einem fast 100 Meter langen und 32 Meter breiten Hauptschiff gilt sie als eine der größten Bauwerke der hansischen Backsteingotik. Großartig ertönen noch heute Konzerte auf der barocken Stellwagen-Orgel.

St. Mary's was built around 1298, originally as a parish church. In 1382 the spire collapsed onto the nave and choir, necessitating rebuilding in the 15th century. It is among the mightiest works of Brick Gothic, with a nave almost 100 meters long and 32 meters wide. Concerts are still given on the magnificent Baroque organ, built by the master organ-builder Stellwagen.

L'église paroissiale de Sainte-Marie apparut en 1298. La tour s'écroula en 1382 sur la longue nef et le chœur ce qui a laissé des traces aujourd'hui encore sur l'architecture du 15e siècle de l'église. Avec une nef centrale de quelques 100 mètres de longueur et de presque 32 mètres de largeur, elle est considérée comme l'un des plus grands édifices de la gothique en briques hanséatique. Aujourd'hui encore, les concerts retentissent à merveille sur l'orgue baroque, un chef-d'oevre du facteur d'orgues Stellwagen.

Katharinenkloster

Katharinenkloster Monastery / Le Couvent Sainte-Catherine

Das ehemalige Dominikanerkloster in der Mönchstraße wurde 1251 gegründet. In nachreformatorischer Zeit Waisenhaus und Gymnasium, beherbergt das Katharinenkloster heute das Meeresmuseum und das Kulturhistorische Museum, das als das älteste Museum des Landes Mecklenburg-Vorpommern gilt und in seiner gotischen Architektur selbst schönstes Exponat ist.

The former Dominican monastery in Mönchstrasse (Monk Street) was founded in 1251. An orphanage and school after the Reformation, Katharinenkloster today houses the Oceanographic Museum and Cultural History Museum; the latter is Mecklenburg-Pomerania's oldest museum and itself a beautiful exhibit as a Gothic masterpiece.

L'ancien monastère dominicain de la Mönchstraße fut fondé en 1251. Orphelinat et lycée après la Réforme, le couvent de Sainte-Catherine héberge aujourd'hui le Musée de la Mer et le Musée des Civilisations. Ce dernier est considéré comme le plus vieux musée du Land de la Mecklembourg-Poméranie occidentale et en est lui-même de par son architecture gothique la plus belle pièce d'exposition.

Katharinenkloster

Katharinenkloster Monastery / Le Couvent Sainte-Catherine

◀ **Das Kulturhistorische Museum** zog 1924 mit reichem Fundus in die Klausurgebäude des Katharinenklosters. Kostbarstes Ausstellungsstück ist der Hiddenseer Goldschatz.

The Cultural History Museum's treasure-trove of exhibits moved into the claustral buildings of Katharinenkloster in 1924. Its most precious exhibit is the Hiddensee Treasure

Le musée des civilisations emménagea en 1924 dans le couvent de Sainte-Catherine. La plus précieuse pièce d'exposition est le trésor en or d'Hiddensee.

▶ **Das Meeresmuseum** ist mithilfe einer selbsttragenden Stahlkonstruktion in die Klosterkirche integriert, so dass die mittelalterliche Architektur noch erlebbar ist und zugleich über drei Etagen meereskundliche Ausstellungen und Fischereigeschichte präsentiert werden können.

The Oceanographic Museum is integrated into the monastery church; a self-supporting steel construction in keeping with the medieval architecture houses exhibitions on oceanography and the history of the fishing trade.

Le bâtiment du Musée de la Mer s'intègre à l'église médiévale du couvent au moyen d'une construction en acier autoporteuse. On y présente sur trois étages des expositions océanographiques et l'histoire halieutique.

Das Meeresmuseum

The Oceanographic Museum / Le Musée de la Mer

◀ ▶ **BEEINDRUCKEND** ist das 15 Meter lange Skelett des Finnwals, das unter dem Kreuzgewölbe im Chorraum hängt, ein Jungtier, das 1825 an der Westküste Rügens strandete. Kinder staunen vor Vitrinen mit Kraken und Riesenkrabben. Im restaurierten Klosterkeller stehen Aquarien. In seiner Größe deutschlandweit einmalig ist das Meeresschildkröten-Aquarium.

The 15-meter skeleton of a young fin whale that hangs in the former choir under the vaulted roof was stranded on the west coast of Rügen in 1825. Display cases of octopuses and giant crabs will fascinate children. Aquariums are housed in the restored monastery basement. The sea-turtle aquarium is the largest in Germany.

Le squelette de 15 mètres du rorqual suspendu à la voûte en croix de la salle du chœur est impressionnant. Il s'agit d'un jeune animal qui vint s'échouer en 1825 sur les côtes occidentales de Rügen. Les enfants s'émerveillent devant les vitrines présentant des pieuvres et un crabe géant. La cave restaurée du couvent abrite des aquariums. L'aquarium des tortues de mer est unique en Allemagne de par sa taille.

Museumshaus in der Mönchsstraße

Museum House in Mönchsstrasse

La maison-musée

◀ ▶ DAS FAST 700 JAHRE ALTE KRÄMERHAUS gehört zu den ältesten Gebäuden der Stadt. Vom Keller bis zum Dachboden begehbar, zeigt es Einrichtungen und Gebrauchspuren der vergangenen Zeit. Lehrreich und anrührend zugleich, wie die zigfach aufgeblätterten Tapetenschichten. Unter dem Dach befindet sich ein gotisches Lastenrad, das zu den ältesten Nordeuropas zählt.

Almost 700 years old, the Krämerhaus is among the city's oldest buildings. Visitors can roam through the house from cellar to attic, exploring the interiors from times past and discovering the traces of previous use – some both informative and moving, like the many-layered wallpaper. The Gothic hoist under the roof is one of the oldest in Northern Europe.

La « Kreimerhaus » (maison de l'épicier), vieille de presque 700 ans, fait partie des plus vieux bâtiments de la ville. Accessible de la cave au grenier, cette maison à la fois instructive et émouvante présente les ameublements et laisse entrevoir les marques d'usure du temps passé comme par exemple les multiples couches de papier peint effritées. Sous le toit on trouve un vélo triporteur gothique, l'un des plus anciens d'Europe du Nord.

Museumsspeicher

The ancient 'museum warehouse' / L'entrepôt du musée

◀ ▶ DAS ALTE SPEICHERHAUS, eine Außenstelle des Kulturhistorischen Museums, zeigt Volkskundliches der ländlichen Küstenbevölkerung und eine umfangreiche Sammlung zur Ur- und Frühgeschichte sowie zur Stadthistorie. Kinder wird die Spielzeugausstellung gefallen: Puppenstuben, Kaufmannsläden und Kasperletheater vom Ende des 19. Jahrhunderts bis in die 1950er Jahre.

The ancient 'museum warehouse', a branch of the Cultural History Museum, displays folk traditions and crafts of the coastline's inhabitants, a comprehensive prehistoric and protohistoric collection and exhibitions of the city's history. Children love the toy exhibitions, with dolls' houses, toy shops and puppet theaters from the late 19th century to the 1950s.

Le vieil entrepôt, l'annexe du Musée des Civilisations, présente le folklore de la population côtière rurale et une collection considérable portant sur la préhistoire ainsi que sur l'histoire de la ville. L'exposition de jouets plaira aux enfants : des petites pièces aménagées pour poupées, des jeux de la marchande et le théâtre du Grand Guignol de la fin du 19e siècle au début des années 50.

SCHIFFER-COMPAGNIE

Schiffer-Compagnie und Kloster St.Jürgen zum Strande

The Schiffer-Compagnie and Monastery St.Jürgen zum Strande / La Compagnie des Bateliers et le cloître de St Jürgen zum Strande

◀ DIE ÜBER 500 JAHRE ALTE SCHIFFER-COMPAGNIE in der Frankenstraße ist eine Traditionsgemeinschaft, die sich noch immer in den historischen Räumen voller maritimer Mitbringsel trifft.

▶ DAS EHEMALIGE HOSPITAL „KLOSTER ST.JÜRGEN ZUM STRANDE“, ein neunachsiger Bau von 1753/54 in der Mönchstraße, erhielt 1830 die spätklassizistische Putzfassade.

Frankenstraße

In the Frankenstrasse/ La rue des Francs

◀ ▶ **HOHE GIEBELHÄUSER AUS BACKSTEIN**, wie man noch viele in der Frankenstraße zwischen Neuem Markt und Hafen findet, sind charakteristisch für die mittelalterliche Bebauung Stralsunds. Das Kaufmannshaus, von der hohen Diele bis in die Speicherräume unterm Dach aus feuerfestem Ziegel erbaut, war Lagerraum, Kontor und nebenbei auch Wohnraum.

Tall brick gabled houses abound in Frankenstrasse between Neuer Markt and the harbor and are typical of Stralsund's medieval architecture. The Kaufmannshaus (merchant's house), built of fireproof brick from its raised hall to the store-rooms under the roof, served as warehouse, office and living quarters in one.

Comme on en trouve encore beaucoup dans la Frankenstraße (rue des Francs) située entre la place du Nouveau Marché et le port, les hautes maisons à pignon en briques sont caractéristiques de l'architecture médiévale de Stralsund. La maison de négoce construite en briques réfractaires servait d'entrepôt, de comptoir et en outre aussi de logements d'habitation.

ES ist noch nicht früh genug

Elendenhaus und Spitalgebäude

Poorhouse, hospital / La Maison de la misère, l'hôpital

◀ ▶ DAS HEILGEIST-HOSPITAL wurde 1256 gegründet und 1325 in die Nähe des Hafens, außerhalb der einstigen Stadtmauer, verlegt. In DDR-Zeiten dem Verfall preisgegeben, wurde es in den 1990er Jahren mithilfe der Deutschen Stiftung Denkmalschutz res-auriert. Heute sind die einstigen »Armenbuden« aus dem 18. und 19. Jahrhundert begehrte Wohnadressen.

Heilgeist Hospital was founded in 1256 and moved outside the old city walls near the harbor in 1325. Left to decay in the German Democratic Republic, it was restored in the 1990s with the help of the German Foundation for Monument Protection. Today the former 'hovels' from the 18th and 19th century are sought-after homes.

Le Heilgeist-Hospital (hôpital du Saint-Esprit) fut érigé en 1256 et transféré en 1325 à proximité du port, à l'extérieur des anciens remparts. Laissé à l'abandon au temps de la R.D.A, il fut restauré dans les années 90 à l'aide de la fondation allemande de protection des monuments historiques. Aujourd'hui, les anciennes « chambres des pauvres » des 18e et 19e siècles sont devenues des adresses d'habitation très prisées.

Heilgeist-Hospital

Heilgeist Hospital / L'Hôpital du Saint-Esprit

◀ **Die Anlage des Heilgeist-Hospitals** ist einer der romantischsten Orte Stralsunds. Die mittelalterliche Bausubstanz der Heilgeistkirche wurde im 17./18. Jahrhundert und bei Restaurierungen im 19. Jahrhundert stark verändert. Die hölzerne Galerie des östlich an die Heilgeistkirche angrenzenden Spitalgebäudes war Vorbild für die Galerie des Alten Rathaues.

The grounds of Heilgeist Hospital are one of Stralsund's most romantic spots. The medieval church was drastically altered in the 17th and 18th century and in 19th-century restorations. The hospital's wooden gallery adjacent to the east side of the church was the model for the gallery at the City Hall.

Le parc de l'Hôpital du Saint-Esprit est l'un des sites les plus romantiques de Stralsund. L'architecture moyenâgeuse de l'Église fut considérablement modifiée aux 17e et 18e siècles et lors des travaux de restauration du 19e siècle. La galerie en bois du bâtiment hospitalier accolé à l'Église du Saint-Esprit à l'est servit de modèle à la galerie du vieil Hôtel de ville.

Heilgeistkanal

The Channel Heilgeist / Le canal du Heilgeist

◀ DER QUERKANAL, im Osten zwischen Stadt und Hafen, entstand nach der Entfestung Stralsunds im 19. Jahrhundert. Dort, wo die Heilgeiststraße in den Hafen mündet, trifft sie auf den Heilgeistkanal. Charterboote und Boote Stralsunder Freizeitsegler dümpeln im Wind. Am Kai lockt eine gastronomische Meile zur Einkehr.

The Heilgeistkanal, a channel running between the city and the harbor, was created after Stralsund's defortification in the 19th century. Heilgeiststrasse meets the canal where it opens into the harbor. Charter ships and boats owned by Stralsund's amateur sailors bob gently in the wind. A line of restaurants and bars along the quay entices visitors.

À l'est, le canal qui passe au travers de la ville et du port est né des suites du désenclavement de Stralsund au 19e siècle. La rue du Heilgeist débouche au niveau du canal du Heilgeist sur le port. Les bateaux d'affrètement et des plaisanciers de Stralsund tanguent légèrement au vent. Sur le quai, une succession de restaurants vous invite à faire une halte.

Am Stadthafen

At the Harbor / Au port de la ville

◀ **Abendstimmung am Yachthafen an der Nordmole.** Wenn die Sonne hinter den Häusern von Stralsund versinkt, leuchtet der Himmel über dem Strelasund.

Sunset mood at the yacht harbor on the northern jetty. The setting sun behind the houses of Stralsund lights up the sky over Strelasund Sound.

Atmosphère crépusculaire à la môle nord du port de plaisance, le ciel brille au-dessus du Stralsund lorsque le soleil se couche derrière les maisons de Stralsund.

▶ **Das Segelschulschiff Gorch Fock** lief 1933 vom Stapel der Hamburger Werft Blohm & Voss. 1945 im Strelasund versenkt, wurde es 1947 gehoben. Lange segelte es unter sowjetischer Flagge. 2003 kehrte es in den Heimathafen zurück.

The training ship Gorch Fock was launched in 1933 at the Hamburg shipyard of Blohm & Voss. After sinking in Strela Sound in 1945, it was raised in 1947 and sailed under the Soviet flag for many years before returning to its home port in 2003.

Le bateau-école de voile de Gorch Fock sortit en 1933 du chantier naval de Hambourg Blohm & Voss. Coulé dans le détroit du Strelasund en 1945, il fut extirpé des eaux en 1947. Après avoir longtemps navigué sous pavillon soviétique, il revint en 2003 à son port d'origine.

Das Ozeaneum

In the Ozeaneum / Dans L'Ozeaneum

◀ **Deutschlands grösster Museumsneubau** wurde 2008 von Angela Merkel eröffnet. Die weiße Stahlverkleidung soll an ein vom Wind geblähtes Segel erinnern. Sonnenliegen wirken wie Wellen auf dem Meer.

Germany's largest new purpose-built museum was opened in 2008 by Angela Merkel. The expanses of white sheet steel are reminiscent of full sails, the sunbeds like rippling waves.

La dernière construction en date de musée d'Allemagne fut inaugurée en 2008 par Angela Merkel. Le revêtement en acier blanc doit faire penser à une voile gonflée par le vent. Des transats rappellent les vagues sur la mer.

▶ **Die Humboldt-Pinguine** gelten als Botschafter ihrer bedrohten Art. Sie leben in einer artgerechten Anlage mit beheizbarem Brutfelsen und großzügigem Unterwasserbereich.

Humboldt penguins are ambassadors for their endangered species, housed in an appropriate enclosure with heated 'cliffs' for nesting and extensive underwater areas.

Les « pingouins d'Humboldt » sont considérés comme les ambassadeurs d'une espèce menacée. Ils vivent dans une sorte de parc adapté à leurs besoins avec une installation rocheuse chauffée pour la couvaison et un grand bassin sous-marin.

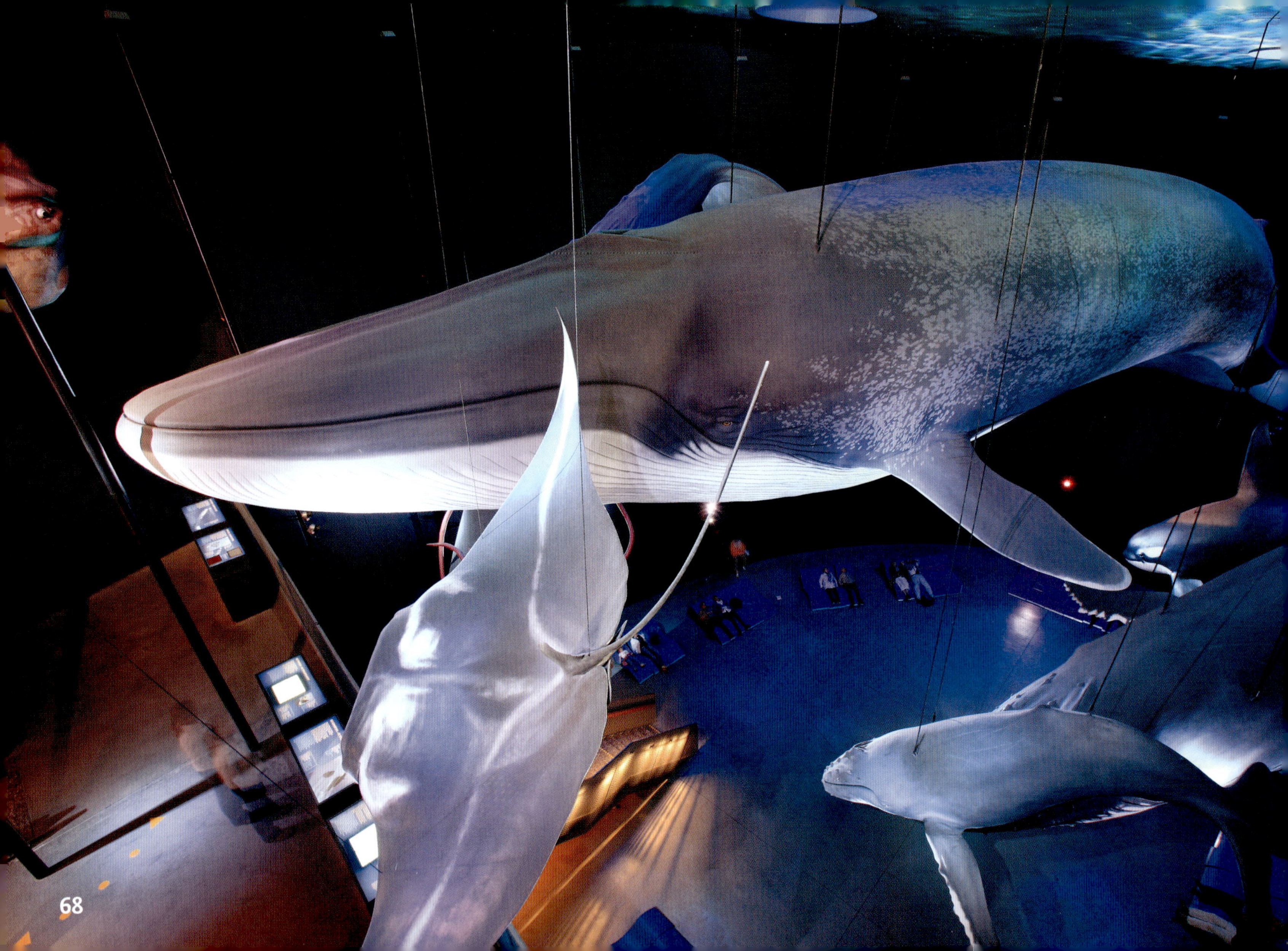

Das Ozeaneum

In the Ozeaneum / Dans L'Ozeaneum

◀ ▶ Zu den »Riesen der Meere« gehört auch die 26 Meter lange Nachbildung eines Blauwals. Aquarien zeigen die Unterwasserwelt von Ostsee, Nordsee und des nordatlantischen Polarmeeres. Das größte Aquarium, das Schwarmfischbecken mit tausenden Heringen und Makrelen, fasst 2,6 Millionen Liter Wasser. Die Panoramascheibe wiegt 22 Tonnen und ist mehr als 30 Zentimeter dick.

The 'Giants of the Oceans' exhibits include a 26-meter model of a blue whale. Aquariums present the underwater world of the Baltic, North Sea and North Atlantic/Arctic Ocean. The largest aquarium houses schooling fish, containing thousands of herring and mackerel and with a capacity of 2.6 million liters. Its panorama glass window weighs 22 tonnes and is over 30 centimeters thick.

Les « géants des mers » comptent entre autres la reproduction d'une baleine bleue de 26 mètres. Des aquariums présentent le monde sous-marin de la mer Baltique, de la mer du Nord et de la mer polaire nord atlantique. Le plus grand aquarium, le bassin des colonies de poissons abrite des harengs et des milliers de maquereaux, il comprend environ 2,6 millions litres d'eau. La vitre de l'aquarium panoramique pèse 22 tonnes et fait plus de 30 centimètres d'épaisseur.

Hafenromantik

Romantic Harbor / Le romantisme portuaire

◀ ▶ **Der Stadthafen von Stralsund** zieht viele Wasserwanderer an. In den Wanten der zahlreichen Segelyachten singt der Seewind. Ausflugsschiffe bieten Hafenrundfahrten und Touren nach Rügen und Hiddensee an. Fischer Paul Hübner, einer der letzten privaten Fischer von Stralsund, zieht seit seinen Kindertagen Hering, Zander, Flunder und Aal aus dem Sund. Er verkauft frischen und geräucherten Fisch vom Kutter aus.

Stralsund's city harbor attracts hosts of water tourists. The sea breeze sings in the shrouds of the crowded yachts; excursion ships offer harbor tours and cruises to Rügen and Hiddensee. Paul Hübner, one of Stralsund's last private fishing boat operators, has fished the Sound for herring, flounder, eel and pike-perch since his childhood. He sells fresh and smoked fish from the deck.

Le port de la ville de Stralsund attire de nombreux randonneurs d'eau. Le vent de la mer fait vibrer les voiles des nombreux voiliers. Des bateaux d'excursion offrent des visites du port et des excursions vers Rügen et Hiddensee. Depuis son enfance, Paul Hübner, l'un des derniers pêcheurs indépendants de Stralsund, pèche dans le détroit du hareng, du sandre, du flet, de l'anguille. Il vend du poisson frais et fumé de son cotre.

GETREIDE AG

Blick aufs Meer

Facing the Sea / Le visage face à la mer

◁ ▷ **Seit dem Mittelalter war der Hafen** wirtschaftlicher Mittelpunkt. Bis nach England, Flandern, Norwegen, Russland, Litauen und Dänemark reichten einst die Handelsverbindungen. Der heutige Seehafen besteht aus dem Stadthafen,sowie den Umschlaghäfen im Süden und im Norden, wo am Schwedenkai noch historische Lagerhäuser stehen.

The harbor has been a hub of commerce since medieval times, with trade connections once extending to England, Flanders, Norway, Russia, Lithuania and Denmark. Today's harbor consists of the city harbor and the entrepots to the south and north, where historical warehouses still stand on Schwedenkai quay.

Le port fut un centre économique dès le Moyen-Âge. Autrefois, les unions commerciales se déployaient jusqu'à l'Angleterre, la Flandre, la Norvège, la Russie, la Lituanie et le Danemark. Le port maritime d'aujourd'hui se compose du port de la ville ainsi que des ports de transit au sud et au nord, où d'anciens entrepôts se trouvent encore au quai de Suède.

Semlower Kanal

Semlow Canal / Le canal de Semlow

▷ **Das von Kanälen** durchzogene Hafengebiet konnte erst ab Mitte der 1870er Jahre, mit allmählicher Lockerung der fortifikatorischen Reglements unter preußischer Herrschaft, kontinuierlich ausgebaut werden. In den späten 1870er bis 1880er Jahren entstand zu beiden Seiten des Querkanals eine kleinteilige, in sich geschlossene Wohnsiedlung.

The harbor district, traversed by canals, was not developed continuously until the mid-1870s as the fortifications were gradually decommissioned under Prussian rule. A small residential enclave was built on both banks of the canal in the late 1870s–1880s.

Traversé de canaux, le domaine portuaire fut continuellement agrandi, surtout à partir du milieu des années 1870 sous l'hégémonie prussienne lors du relâchement progressif des lois relatives à la fortification. Vers la fin des années 1870 jusqu'à la fin des années 1880, un petit quartier urbain refermé sur lui-même apparut des deux côtés du canal.

Blick über den Sund

View over the Sound / Vue sur le détroit

◀ ▶ ALTEFÄHR war bis zum Bau des Rügendamms 1936 jahrhundertelang der Fährhafen für die Verbindung von Stralsund nach Rügen. Lange flossen die Touristenströme daran vorbei. Heute ist Altefähr beliebtes Ziel für Tagestouren mit der Personenfähre. Es locken ein Wassersportzentrum, ein kleiner Badestrand und der malerische Blick über den Sund.

Altefähr was the ferry port for the route between Stralsund and Rügen for centuries until the Rügendamm causeway was built in 1936. Long neglected by the crowds of tourists, today Altefähr is a popular destination for day excursions by ferry, with a watersports center, small bathing beach and beautiful views over the Sound.

Altefähr fut un port de ferries pendant des siècles jusqu'à la construction en 1936 de la digue de Rügen reliant Stralsund à Rügen. Les masses de touristes y affluèrent pendant longtemps. Aujourd'hui, Altefähr est un but apprécié pour des excursions journalières offertes par les ferries transportant des personnes. Un centre de sport nautique, une petite plage balnéaire et une vue pittoresque sur le détroit y attirent les touristes.

ALTEFÄHR
50
Weiße Flotte

Blick über den Strelasund

View over Strela Sound / Vue sur le détroit de Strelas

◄ „MEERSTADT IST STRALSUND, vom Meer erzeugt, dem Meer ähnlich. Auf das Meer ist sie bezogen in ihrer Erscheinung und ihrer Geschichte. Ihre stillen grauen Straßen durchwandernd, hört man plötzlich seine Löwenstimme, sieht man seine Schlangenhaut blitzen", so schwärmte die berühmte vielreisende Dichterin und Historikerin Ricarda Huch (1864–1947).

"A city of the ocean is Stralsund, created by the ocean and resembling the ocean, related to the ocean in its appearance and its history. Wandering its tranquil gray streets, one suddenly hears its lion's roar, sees the glitter of its snakeskin," wrote an enraptured Ricarda Huch, German poetess, traveler and historian (1864–1947).

« Produit de la mer, semblable à la mer, Stralsund est une ville maritime. Elle est reliée à la mer au travers de son apparence et de son histoire. En sillonnant ses rues grises silencieuses, on entend soudain sa voix de lion, on voit étinceler sa peau de serpent » c'est ainsi que la célèbre poète, historienne et grande voyageuse Ricarda Huch (1864–1947), en parlait avec ferveur.

Nautineum

The Nautineum / Le Nautineum

◁ ▷ **Das Nautineum**, eine Außenstelle des Meeresmuseums auf dem Dänholm, zeigt auf einem ca. 2,3 Hektar großen Freigelände und in Ausstellungshallen Exponate der Fischerei, Meeresforschung und Hydrographie. Highlight sind das begehbare Unterwasserlabor »Helgoland«, das von innen erkundet werden kann, und ein Reusenplatz der Stralsunder Fischer.

The Nautineum, a branch of the Dänholm Naval Museum, presents exhibits of the fishing industry, ocean exploration and hydrography in its 2.3 hectares of grounds and indoor halls. A highlight is "Helgoland," a walk-in underwater laboratory that can be explored from inside, and a collection of fish traps as used by Stralsund's fishermen.

Le Nautineum, annexe du Musée de la Mer sur l'île de Dänholm, présente des pièces d'exposition relatives à la pêche, l'océanographie et l'hydrographie dans des salles d'exposition et sur un terrain en plein air d'environ 2,3 hectares. Le laboratoire sous-marin « Helgoland », accessible et explorable de l'intérieur et le site consacré aux casiers des pêcheurs de Stralsund sont à voir absolument.

Marinemuseum

Naval Museum / Le Musée de la Marine

◀ ▶ **Dänholm**, die kleine Insel vor Stralsund, war schon immer von strategischem Interesse. Die Nutzung durch das Militär endete erst 1990. Das Marinemuseum, dessen Außenanlage von der alten preußischen Sternschanze umgrenzt ist, erforscht und präsentiert die militärische Geschichte Stralsunds, speziell als langjährige Festungs- und Garnisonsstadt.

Dänholm, the little island off Stralsund, has always been of strategic interest. Its military use did not end until 1990. The Naval Museum, its grounds encircled by the old Prussian fortifications, researches and presents Stralsund's military history, specifically that of the long-standing fortified and garrison town.

Dänholm, la petite île de Stralsund a toujours eu un intérêt stratégique. Son occupation militaire ne prit fin qu'en 1990. Le Musée de la Marine dont le parc extérieur est délimité par l'ancien bunker prussien étoilé, étudie et présente l'histoire militaire de Stralsund sous l'aspect plus spécifique d'une ancienne ville-forteresse et de garnison.

Das Panorama von Stralsund

Stralsund Panorama / Le panorama de Stralsund

◂ **HOHE KIRCHTÜRME** malen ein beeindruckendes Panorama in den Himmel über Stralsund. Sie sind Ausdruck hanseatischen Bürgerstolzes. Der kunstvolle Einsatz des Backsteins spiegelt dessen Kunstverstand, die Bestimmung der Türme als Seezeichen seinen allgegenwärtigen praktischen Sinn. Das Ozeaneum setzt einen zeitgenössischen architektonischen Akzent in die historische Hafenkulisse.

High church spires paint an impressive panorama in the Stralsund sky, emblems of Hanseatic pride. The artistic brickwork reflects the status of art in the Hanseatic region, the use of the spires as navigational aids marks their ever-present practical attitude. The Ozeaneum sets a contemporary accent amid the historical architecture of the harbor skyline.

De hauts clochers d'église définissent l'impressionnant panorama au-dessus de Stralsund. Ils reflètent la fierté hanséatique de ses citoyens. L'utilisation artistique de la brique souligne leur sens artistique, les hautes tours visibles en mer témoignent d'un sens pragmatique omniprésent. L'architecture contemporaine de l'Ozeaneum rehausse quant à elle le cadre historique du port.

Knieperteich

Knieperteich / L'étang de Knieper

◁ ▷ **Der Knieper Teich**, einst Teil der mittelalterlichen Stadtbefestigung und Trinkwasserreservoire, schmückt sich mit weißen Holzbrücken und einer Wasserfontäne. Die Parkanlagen rund um den Knieperteich, unmittelbar gegenüber dem aufwendig sanierten Teil der Stralsunder Stadtmauer, zählen zu den schönsten Grünanlagen Stralsunds.

Knieper 'Pond,' once part of the medieval fortifications and a drinking-water reservoir, has neat white wooden bridges and a fountain. The parkland surrounding the lake, near a carefully restored section of the city walls, is one of Stralsund's most beautiful spots.

Des ponts de bois blancs et des jets d'eau viennent embellir l'étang de Knieper, qui faisait partie autrefois de la fortification de la ville médiévale et servait de réservoir en eau potable. Situés juste en face de la partie restaurée à grands frais des remparts de Stralsund, les parcs autour de l'étang de Knieper font partie des plus beaux espaces verts de Stralsund.

Die Rügenbrücke über dem Strelasund

Rügenbrücke over Strela Sound / Le pont de Rügen au-dessus du détroit de Strela

◂ ÜBER DIE RÜGENBRÜCKE auf die Insel. Viele Jahrzehnte lang war der Rügendamm ein Nadelöhr, vor dem sich die Autos der Rügenreisenden im Sommer kilometerweit stauten. Für das neue Brückenprojekt, das lange Zeit Streitobjekt war, mussten fast 2000 Pläne gezeichnet werden. Seit 2007 fließt der Urlaubsverkehr entspannt auf die Insel. Der Urlaub kann stressfrei beginnen.

Rügenbrücke leads to the island of the same name. For many years the Rügen causeway was a bottleneck, with miles of summer traffic jams. Almost 2,000 plans were required for the new bridge, long an object of controversy. Traffic has flowed smoothly to and from the island since 2007, heralding a relaxed start to vacations.

Le pont de Rügen est un point d'accès vers l'île. La digue de Rügen fut pendant de nombreuses décennies un goulot d'étranglement pour les voyageurs dont les voitures formaient des kilomètres de bouchons en été. Presque 2.000 plans furent dessinés pour le nouveau projet du pont, qui fut pendant longtemps l'objet de disputes. Depuis 2007, la circulation des vacanciers est plus fluide sur l'île. Les vacances peuvent commencer sans stress.

St. Marien in Brandshagen

St. Mary in Brandshagen / L'église de Ste Marie à Brandshagen

◀ **Die gotische dreischiffige Hallenkirche St. Marien** von Brandshagen, südöstlich von Stralsund, ist eine der größten und schönsten Dorfkirchen Vorpommerns. Die über 700 Jahre alte, einstige Zisterzienserkirche schmückt sich mit Fresken aus dem 14. Jahrhundert, ornamentaler Akanthusmalerei aus dem 18. Jahrhundert und einer reichen Innenausstattung.

The three-aisle Gothic nave church of St. Mary at Brandshagen, south-east of Stralsund, is one of Western Pomerania's largest and most beautiful village churches. Over 700 years old, the ornate interior of the former Cistercian church contains 14th-century frescos and painted acanthus ornaments from the 18th century.

L'église-halle gothique à trois nefs de Ste Marie à Brandshagen, au sud-est de Stralsund, est l'une des plus grandes et plus belles églises de village de Poméranie occidentale. L'ancienne église cistercienne vieille de plus de 700 ans, est ornée de fresques du 14e siècle, de peintures d'acanthe ornementales du 18e siècle et possède un riche aménagement intérieur.

▶ **SOMMER, SONNE, SEGELTÖRN.** Vom Stralsunder Hafen geht der Blick über den Strelasund nach Rügen, der Ferieninsel.

Summer, sunshine, sailing. The spectaular view from Stralsund to Rügen.

Du port de Stralsund, notre regard se ballade entre Stralsund et Rügen, l'île des vacances.

Impressum

Die Autorin: Hanne Bahra ist seit vielen Jahren Journalistin und Buchautorin und auf kulturhistorische und Reisethemen spezialisiert. Ihrer Meinung nach gibt es im Reiseland Deutschland noch viel zu entdecken.

Der Fotograf: Johann Scheibner fotografiert für Zeitschriften, Magazine und Reisebildbände, zu seinen Lieblingsreiseländern gehören Indien – und Mecklenburg-Vorpommern.

Produktmanagement: Dr. Birgit Kneip
Englische Übersetzung: Alison Moffat, München
Französische Übersetzung: Sandra Brandstetter, Bernau
Grafische Gestaltung: Medienfabrik GmbH, Stuttgart
Kartografie: Thomas Vogelmann, Mannheim
Herstellung: Bettina Schippel
Repro: Cromika sas, Verona
Printed in Slovenia by Korotan, Ljubljana

Alle Angaben dieses Bandes wurden vom Autor sorgfältig recherchiert und vom Verlag auf Stimmigkeit und Aktualität geprüft. Allerdings kann keine Haftung für die Richtigkeit der Informationen übernommen werden. Für Hinweise und Anregungen sind wir dankbar.
Zuschriften an den:
Bruckmann Verlag, Produktmanagement,
Postfach 400209, 80702 München
E-Mail: lektorat@bruckmann.de

Bildnachweis
© AKG-Images GmbH, Berlin: Karte Vorsatz.
Alle übrigen Bilder stammen von Johann Scheibner.

Die Deutsche Nationalbibliothek verzeichnet diese Publikation in der Deutschen Nationalbibliografie; detaillierte bibliografische Daten sind im Internet über http://dnb-nb.de abrufbar.

ISBN 978-37654-5584-1

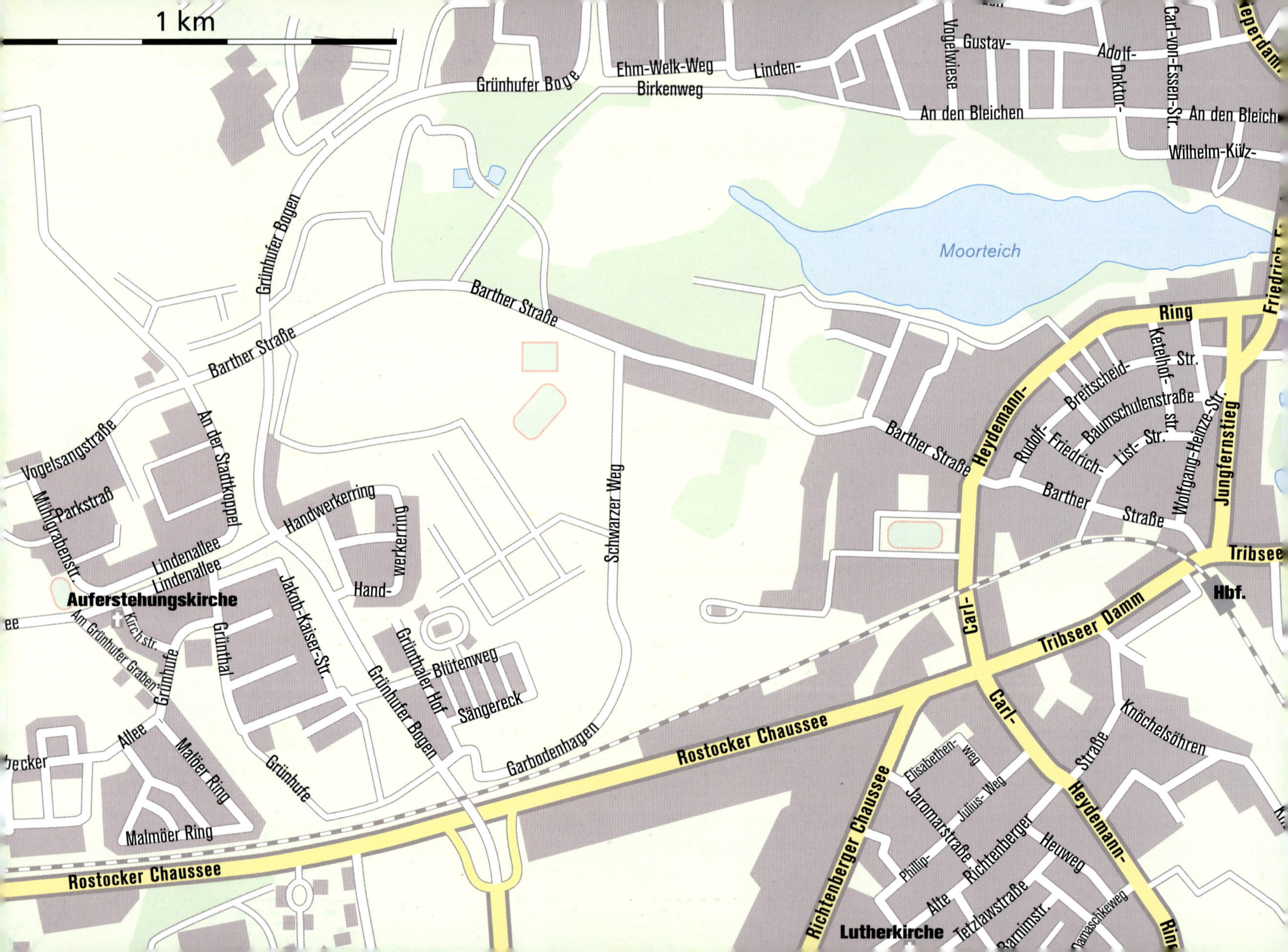
1 km
Grünhufer Boge
Ehm-Welk-Weg
Birkenweg
Linden-
Vogelwiese
Gustav-
Adolf-
Doktor-
Carl-von-Essen-Str.
An den Bleichen
An den Bleich
Wilhelm-Külz-
Moorteich
Grünhufer Bogen
Barther Straße
Barther Straße
Ring
Friedrich-
Ketelhof-
Str.
Breitscheid-
Baumschulenstraße
Rudolf-
Friedrich-
List-
Str.
str.
Wolfgang-Heinze-Str.
Jungfernstieg
Heydemann-
Barther Straße
Barther
Straße
Tribsee
Hbf.
Vogelsangstraße
An der Stadtkoppel
Parkstraß
Mühlgrabenstr.
Handwerkerring
Handwerkerring
Hand-
werkerring
Schwarzer Weg
Lindenallee
Lindenallee
Auferstehungskirche
Am Grünhufer Graben
Kirchstr.
Grünhufe
Grünthal
Jakob-Kaiser-Str.
Grünthaler Hof
Blütenweg
Sängereck
Grünhufer Bogen
Garbodenhagen
Grünhufe
Carl-
Tribseer Damm
Carl-
Knöchelsöhren
Straße
Rostocker Chaussee
Allee
Malöer Ring
Malmöer Ring
Rostocker Chaussee
Richtenberger Chaussee
Elisabethen- weg
Julius- Weg
Jaromarstraße
Richtenberger
Heuweg
Heydemann-
Phillip-
Alte
Tetzlawstraße
Barnimstr.
Damaschkeweg
Lutherkirche
Rin